AF230327

DU MINISTÈRE

EN 1817.

IMPRIMERIE DE FAIN, PLACE DE L'ODÉON.

DU MINISTÈRE

EN 1817.

Aux Chambres.

PARIS,

FOULON, Lib., rue des Francs-Bourgeois St.-Michel.

DELAUNAY, Libraire, Palais-Royal, galerie de bois.

PÉLICIER, Libraire, Palais-Royal, première cour.

1817.

PRÉFACE.

Si mon nom était connu, ou qu'il méritât de l'être, cet ouvrage ne paraîtrait point anonyme. Cependant, comme je me sens incapable d'écrire rien dont j'aie jamais à rougir, je ne désavouerai jamais ce que j'aurai écrit. J'ai fui toute offensante personnalité ; c'était nuire au débit de cette brochure ; mais je n'ai point imprimé mon opinion pour la vendre, mais pour la dire. J'ai parlé des ministres à qui la France doit des éloges; je me suis tu sur ceux que l'on ne peut juger encore. Étranger à tout esprit de parti, j'ai défendu la cause de M. de Châteaubriant et celle de M. Étienne, parce que toutes deux m'ont paru justes. Je réclame l'indulgence du lecteur pour les erreurs que j'aurai commises, mais je n'en ai pas besoin pour mes intentions, qui sont pures.

DU MINISTÈRE

en 1817.

<hr>

De l'ordonnance du 5 septembre, et de la minorité de 1816.

Le prémier bienfait du ministère actuel, c'est l'ordonnance du 5 septembre 1816. Il y a long-temps qu'on en a dit tout ce qu'on pouvait en dire. Elle a trouvé des adversaires redoutables, et des défenseurs courageux et constans : les uns nous effrayaient de leurs sinistres prédictions; les autres nous rassuraient par leur confiance dans les intentions et les lumières d'un gouvernement qui n'avait pas hésité à sacrifier ses affections aux intérêts et au bonheur de la nation.

Au milieu de cette dissidence d'opinion sur un acte d'une importance aussi haute, que devait faire l'homme sage et prudent? Attendre ses résultats, et donner gain de cause à ceux qu'ils auraient justifiés. Il est vrai que, dans cette manière de juger, il n'y a point de jouissance pour l'amour-propre; mais toutes ces prédictions hasardeuses de nos publicistes se trouvent si souvent déjouées, qu'il y a folie de courir une chance où les calculs les plus subtils des plus habiles gens sont venus échouer. Nous avouons donc de bonne foi que nous n'avions rien prévu ; nous avions espéré, parce qu'on espère toujours ce qu'on désire ; et, quoique notre vanité ne fût point intéressée au succès, assez d'autres motifs plus chers et plus nobles nous le faisaient vivement souhaiter. Ces vœux, j'ose le dire, étaient d'un bon Français, puisqu'ils étaient également ceux du roi le plus éminemment français depuis Henri IV. Mais ces vœux étaient-ils éclairés ? Jugez-en par vous-même.

Sans l'ordonnance du 5 septembre, aurions-nous le ministère actuel ?

Aurions-nous à l'intérieur la paix, et au dehors la considération que nous devons à sa sagesse ?

Aurions-nous obtenu la réduction de l'armée d'occupation ?

Aurions-nous la loi des élections ?

On peut, je crois, sans hésiter, répondre négativement à ces quatre questions. Or, s'il était prouvé que l'expérience de cette année permet à la France de placer les plus heureuses espérances dans le ministère ; s'il était prouvé qu'elle lui doit sa tranquillité actuelle, un grand allégement dans ses charges, et une loi qui consolide à jamais le gouvernement représentatif, ne sera-t-il pas en même temps, et par une conséquence nécessaire démontré, qu'une assemblée dont le zèle aveugle éloignait ces grands résultats, a été justement et sagement dissoute?

Mais cet acte courageux, reçu par l'immense majorité des Français avec un enthousiasme et une reconnaissance qu'il serait difficile d'exprimer, a blessé les intérêts d'un parti nombreux, et déjoué les calculs de ses souvenirs et de ses espérances. Ne nous refusons pas à entendre ceux qui composent cette minorité, et demandons-leur ce qu'ils pensent de cette ordonnance, qui, si l'on en croit ses défenseurs, a sauvé la patrie d'un bouleversement inévitable et terrible. Que nous répondront-ils? — Que tous ces prétendus bienfaits dont nous lui sommes redevables, sont à leurs yeux autant d'injures aux amis de la royauté; que le ministère, ou se trompe lui-même, ou trompe la France; que la réduction de l'armée d'occupation les livre sans défense aux projets des factieux, et que cette loi des élections si vantée ne nous donnera peut-être, dans ses résultats funestes, qu'une nouvelle *Convention.*

C'est convenir du moins avec franchise qu'on est dépourvu de toute raison. Mais pourquoi ces hommes, plus royalistes et plus éclairés que le roi et ses ministres, s'irritent-ils de ces actes qui excitent la reconnaissance des *bourgeois constitutionnels?* Pourquoi ces ministres leur sont-ils si odieux? Pourquoi osent-ils accuser le roi lui-même?

Ils ne vous le cacheront pas; vous pouvez apprendre aujourd'hui de leur propre bouche ces projets criminels que, par un reste de retenue et de prudence, ils ont voulu dérober quelque temps aux regards pénétrans des amis de la patrie. Ce roi, qu'ils n'ont point défendu aux jours du danger, et dont le retour si nécessaire et si désiré n'est, ni le prix de leur sang, ni l'ouvrage de leurs efforts, ils l'ont servi, ils l'ont aimé, tant qu'ils ont cru que cette charte, qu'ils détestent, n'était qu'une concession aux circonstances, un sacrifice momentané de ses intérêts et de ses opinions. L'ordonnance du 5 septembre les a convaincus des intentions fermes et vraies du monarque. Cette ordonnance, ouvrage du ministère actuel, donne à la monarchie constitutionnelle en France des fondemens inébranlables, arrache de leurs mains un pouvoir dont ils ont abusé, fait sortir du sein de nos cruelles agitations le calme et la paix, et ferme sous nos pas le précipice nouveau que leur aveuglement avait ouvert : voilà le principe, voilà les motifs de leur haine. Insensés, qui ne veulent pas voir que cette ordonnance qu'ils accusent les a sauvés d'eux-mêmes et d'une réaction terrible !

Où nous conduisaient-ils? Où allaient-ils eux-mêmes, et que veulent-ils encore aujourd'hui? Ils peuvent à peine se l'expliquer et nous le dire. Assez éclairés pour sentir l'absurdité de leurs prétentions, ils ne sont pas assez désintéressés et assez sages pour s'en départir; assez instruits par l'expérience pour reconnaître combien est impraticable aujourd'hui une marche rétrograde dans nos institutions civiles, ils ne sont pas assez généreux pour perdre quelques-uns des souvenirs du passé, pour sacrifier quelque chose des espérances de l'avenir. L'ambition et la vanité cachent à leurs yeux leurs véritables intérêts, ferment leurs oreilles aux conseils de la prudence, et leurs cœurs au sentiment du devoir et à l'amour de la patrie. Le roi lui-même, ce roi, entouré maintenant du tendre respect de ceux qui le repoussaient d'abord avec haine ou ne le recevaient qu'avec crainte, ne compte plus d'ennemis que parmi eux; ce sont eux qui l'accusent; ce sont eux qui l'outragent, et l'on frémit de penser jusqu'où vont leurs coupables vœux.

Mais d'où leur vient cette abnégation totale

de dissimulation et de prudence? Illustres défenseurs de nos droits constitutionnels pendant la session de 1816, qu'ont-ils fait de leur libéralité? Pourquoi rejeter tout à coup ce voile épais dont ils enveloppaient leurs espérances? Pourquoi renoncer, par une brusque transition, au rôle qu'ils avaient avec tant de zèle embrassé et rempli? Pourquoi? Par dépit de n'avoir trompé personne.

Eh! messieurs, pouvait-il en être autrement? Suivez vous-mêmes toutes vos démarches pendant cette orageuse session; relisez tous vos discours, même les plus libéraux, et rendez-vous justice. Allons, avouez franchement que vous n'avez pas été meilleurs comédiens que français. S'agit-il de la suspension de la liberté de la presse et de la liberté individuelle? Par une inexplicable contradiction, vous faites retentir à la tribune l'éloquente réprobation de deux lois dont vous aviez plus éloquemment encore invoqué et proclamé la rigoureuse mesure! — Mais dans quelles circonstances retrouvons-nous de si ardens défenseurs parmi ceux où nous comptions jusqu'alors les ennemis de nos libertés? A une époque que leur aveuglement et leur zèle fanatiques ont rendue difficile; dans des temps où ces lois, plus que jamais indispensables, assurent le repos public et trompent l'espoir des ennemis de l'ordre ; où les plus purs et les plus sincères amis de la liberté les demandent à la sagesse de nos représentans ; où ceux mêmes qui les attaquent si vivement et si peu sincèrement, auraient redouté le succès de leurs efforts. Personne alors ne fut abusé ; ils n'étaient guidés que par un pur calcul d'opposition au ministère. Comment peut-on écouter d'aussi petites passions dans des discussions d'un si haut intérêt ?

Mais ne les abandonnons pas pendant tout le cours de cette mémorable session. Arrêtons-nous d'abord à cette loi des élections, si éminemment libérale et démocratique, bienfait d'un roi et d'un ministre unis dans notre reconnaissance. Nul doute que la minorité, d'accord avec elle-même et avec les principes qu'elle vient de défendre et de proclamer, ne saisisse avec empressement cette glorieuse occasion de signaler sa popularité. Plusieurs ont de véritables talens, et notre cause, servie par eux avec chaleur et avec franchise, ne peut manquer de triompher. Vain espoir ! vaine illusion ! Ils tournent contre nous, au moment du danger, ces armes dont ils se servaient si gratuitement pour notre défense, quand notre salut n'était point compromis ; ils nous quittent ; ils nous délaissent ; ils renoncent brusquement à cette popularité qu'ils poursuivent et qui les fuit sans cesse. Plus de feinte, plus de dissimulation ; ils se montrent tels qu'ils sont, tels qu'ils ont toujours été. Ces intérêts, ces droits du peuple si éloquemment défendus dans la discussion de mesures temporaires, ils les trahissent au moment où ils sont le plus sérieusement compromis et le plus vivement débattus, lorsqu'il s'agit de tout notre avenir, et de fixer à jamais parmi nous la monarchie constitutionnelle !

Depuis ce moment ils sentirent qu'ils devaient changer de tactique ; et, puisqu'il ne leur restait plus aucun espoir de poursuivre avec succès la marche qu'ils s'étaient tracée, aborder ouvertement la question, et se présenter avec franchise au combat.

Il serait assez piquant de rapprocher tous les discours prononcés par les membres de la minorité actuelle, soit en 1815, soit en 1816. On y verrait leurs principes se plier à leurs vues d'ambition et d'intérêt, aussi souvent qu'il est besoin. La session de 1816, seule, nous en offre un exemple frappant. La suspension des libertés individuelle et de la presse est-elle demandée par un ministre qui leur est devenu odieux ? ils invoquent l'inviolabilité de la charte. Un ministre qui a su leur plaire dépasse-t-il son budget d'une somme immense de 36,000,000 ? ils se pressent avec fureur à la tribune pour l'absoudre, sans doute encore au nom de l'inviolabilité de la charte.

Mais il est temps d'examiner quels sont ces ministres dont ils condamnent la conduite et le caractère avec tant de prévention et de haine.

Des Ministres.

Ce serait ici le lieu peut-être de renouveler aux ministres ces actions de grâce que la reconnaissance des vrais Français s'est plue à leur rendre, depuis l'époque mémorable où leur zèle courageux et éclairé, s'élevant au-dessus des considérations étroites et des craintes frivoles, nous sauva par un coup politique et hardi, et rallia autour du trône un grand nombre de citoyens qu'une juste défiance en tenait éloignés. Il y aurait une douce satisfaction à remplir une tâche aussi facile ; mais nous ne ferions que répéter ici les éloges que la France unanime leur a fait entendre, seule récompense qu'ils ambitionnassent, seule digne de leur noble désintéressement. Nous nous bornerons à examiner quelles diverses garanties ils présentent à toutes les classes de citoyens.

Au premier rang paraît M. le duc de Richelieu. Son grand nom et ses lumières doivent être de justes motifs de sécurité pour ceux qui, reportant leurs regards et leurs regrets sur le passé, trouvent que le présent nous a déjà conduits trop loin, et craignent que l'avenir ne nous emporte au-delà des limites que la charte nous a fixées. Il est lié à la cause de ces partisans de l'ancienne monarchie, par ses souvenirs; mais il l'est aussi étroitement à celle des constitutionnels, par son patriotisme ardent et généreux. Français, dont les malheurs excusent les plaintes amères, rassurez-vous et ne craiguez point de marcher avec lui sous les mêmes bannières. Eh! qui de vous oserait faire entendre d'inutiles et pénibles regrets, que sa bouche n'a pas une seule fois exprimés? En est-il qui, plus que lui, aient le droit de se plaindre? Que lui reste-t-il de cette immense fortune qu'un bouleversement terrible lui a enlevée? Quelques arpens de bois échappés à la cupidité de ses persécuteurs. Qui le dédommage de cet exil de vingt-cinq ans dans les glaces du Nord? Que sont devenus ces prérogatives, ces titres, ces honneurs attachés à son nom et à sa famille? Où sont ces palais magnifiques, ces somptueuses galeries que, pendant de longues années, ses ancêtres avaient enrichies des merveilles de tous les arts? La révolution a tout dévoré. Et cependant, a-t-il proféré une seule plainte? A-t-il élevé une seule réclamation? Non; son amour pour son roi et pour la France remplit son cœur, et le ferme à tout sentiment qui lui serait étranger. Il ne connaît d'intérêt que les leurs, et il ne cherche la récompense de son noble dévouement que dans la satisfaction que lui laissent les services qu'il leur a déjà rendus, et dans l'espoir de ceux qu'il peut leur rendre encore (1).

Aujourd'hui que la paix nous est rendue, et que le calme le plus heureux et le plus inespéré a succédé à la plus terrible tempête, nous aimons à nous reporter dans le passé, à retracer à notre souvenir les scènes d'horreur et d'effroi dont nous avons été trop long-temps les témoins et les victimes. Voyageurs échappés aux naufrages, nous contemplons du port les écueils par où nous avons passé, et où plusieurs des nôtres ont échoué. Tout ce qui appartient

---

(1) Veut-on des faits pour le connaître et le juger mieux? Je ne serais pas embarrassé d'en trouver un grand nombre; mais il en est qui peignent un homme d'un seul trait, et j'en citerai un qu'on ne devrait point se lasser de donner en exemple.

M. de Richelieu n'a recueilli d'une fortune immense que quelques débris que l'on peut évaluer à quinze mille francs de rente. Les honoraires alloués au président du conseil des ministres s'élèvent à trois cent mille francs. Sur son offre, il ne lui en est payé que cent mille, dont les pauvres de son arrondissement reçoivent encore une partie.

Ame grande et généreuse, c'est par le respect et la reconnaissance qu'on s'acquitte dignement envers vous!

à ces temps de désastres nous lie , nous intéresse. Chacun des acteurs de cette grande tragédie est devenu l'objet d'une curiosité générale ; nous interrogeons d'un œil curieux sa conduite; les moindres détails qui le touchent deviennent précieux du moment qu'ils se rattachent à quelque grande époque, ou qu'ils nous dévoilent quelques particularités de son caractère, d'où nous pouvons tirer des conjectures sur les causes des événemens auxquels il a présidé. Un grand nombre, vil assemblage de tous les vices et de tous les crimes, présente à notre mémoire des souvenirs si hideux et si repoussans que l'esprit se prête difficilement à admettre qu'ils ont vécu, il y a peu d'années, au sein du peuple le plus humain et le plus sage, au milieu du siècle le plus éclairé. Mais si la Convention a eu ses Marat et ses Roberspierre, c'est au milieu d'elle aussi que nous retrouvons ces hommes qui ont montré un courage et des talens à la hauteur des périls et des circonstances qui les ont environnés, les Lanjuinais, les Boissy-d'Anglas, et tant d'autres dont on a payé les vertus par une mort honorable ou de glorieuses proscriptions.

Qu'ils sont dignes d'admiration et d'envie ceux qui, portés par les circonstances dans le tourbillon des affaires, et à la tête du gouvernement, ont traversé, sans reproche, ces temps de dépravation! Qu'ils sont heureux, de pouvoir sans crainte et sans remords tourner leurs regards vers leurs jours écoulés, et se dire, dans le calme de leur conscience : « L'estime des » gens de bien, le jugement de la postérité, » voilà nos récompenses. »

En est-il, je le demande, à qui ce noble orgueil soit plus justement permis qu'au ministre que la sagesse et le discernement du roi nous a donné? M. Lainé, trop jeune à l'époque de la révolution pour figurer dès les premières scènes de ce drame terrible, exerçait à Bordeaux l'honorable ministère d'avocat. Il faisait servir ses talens au salut de l'innocent que menaçait le glaive de la justice; il déployait son noble courage dans la défense des victimes que les soupçons des révolutionnaires désignaient à l'échafaud. Plus d'une fois son éloquence annonça le ministre orateur de la session de 1816; plus d'une fois son intrépide fermeté montra celui qui devait braver un jour la haine et les menaces d'un tyran. Mais bientôt un champ plus vaste s'ouvrit devant ses pas, et la confiance de ses concitoyens, sûrs de remettre en des mains fidèles leurs plus chers intérêts, le porta au corps législatif! Seul, avec son illustre compatriote, il y fit entendre la voix d'un homme libre ; seul, il osa parler le langage de la vérité à un homme qui ne connaissait que celui de la flatterie, et dans un temps où son inviolabilité ne le mettait point à couvert des vengeances du despote. Son éloge était alors dans le cœur de tous les Français, dont la bouche n'osait l'exprimer ; mais les outrages de Buonaparte étaient pour lui plus flatteurs que toutes les louanges, quand celui-ci s'écriait, dans les transports de sa colère : *Je le répète, votre M. Lainé est un méchant homme.*

Il y a des hommes dont il suffit de raconter la vie pour faire leur éloge. Leurs actions parlent assez d'elles-mêmes. Bornons-nous donc à citer des faits, et rappelons au lecteur le dévouement de M. Lainé qui, dans les jours du danger, n'hésite pas un instant à s'exiler de sa patrie, de sa famille et de ses amis, pour partager la fuite et les malheurs de son roi. Contemplons-le dans cette orageuse assemblée qu'il préside avec tant de sagesse et de mesure ; seul, au milieu du délire universel, il conserve le calme et la raison ; et lorsque, pour prix de son zèle et de ses efforts généreux, il n'est abreuvé que d'outrages et de dégoûts, voyons-le, pour obéir à ce roi qu'il chérit, venir les braver et les souffrir de nouveau sans se plaindre. Tous les sincères amis de la charte se regardèrent comme offensés dans la personne d'un de ses plus zélés défenseurs, et cet incroyable mépris de toutes les convenances acheva de leur prouver la nécessité de la mesure vigoureuse qui bientôt après leur rendit l'espoir et la confiance.

Jusqu'ici la France a vu dans M. Lainé un citoyen ferme et courageux, esclave de son devoir et de son amour pour le roi et pour la patrie ; la session de 1816 ouvre la carrière à son éloquence, et nous montre dans lui un homme d'état profond et un brillant orateur. Dans toutes les discussions où il se fait entendre, il porte le calme et la clarté. Sa dialectique pressante, sa diction énergique communiquent à l'âme de ses auditeurs la conviction et les nobles sentimens dont la sienne est remplie. Son nom se rattache à tout ce qui est grand et généreux ; et c'est bien de lui surtout qu'on peut dire : *Il est digne d'avoir des talens, puisqu'il a des vertus.* Une voix s'élève-t-elle contre les secours accordés aux réfugiés espagnols : il s'élance à la tribune, et l'infortune a reconnu son bienfaiteur et son appui. Mais laissons à une plume plus éloquente le soin de consacrer la mémoire de sa générosité. M. Benjamin de Constant a dit :

« Un homme à l'âme duquel les partis divi-
» sés rendent justice, a défendu victorieuse-
» ment l'humanité blessée. Il n'a point entraîné

» l'assemblée, car il n'a fait que dire ce qu'elle
» pensait; mais il est beau d'être l'organe du
» sentiment universel en faveur de la généro-
» sité et de la morale.

» Le nom de M. Lainé s'associera désormais
» à toutes les idées de loyauté et d'hospitalité
» nationale. Les infortunés qui échappent à la
» déportation qui les menaçait, et peut-être à la
» mort qui aurait suivi cette déportation cruel-
» le, rendront grâces à leur défenseur dans
» l'asile obscur qu'ils conservent. Leurs famil-
» les, qui, de loin, s'enquièrent avec inquié-
» tude de leur incertaine destinée, le béniront
» en silence. Quand ses dignités d'un moment
» seront oubliées, quand le temps aura nivelé
» les inégalités passagères, l'histoire lui assigne-
» ra une place plus durable, et lui décernera un
» titre plus beau, que les anciens plaçaient au-
» dessus de tous les titres, celui de défenseur
» des proscrits, et de protecteur des sup-
» plians. »

Mais c'est surtout dans la discussion sur la
loi des élections que son talent brilla de tout son
éclat. Cette loi si longuement discutée, si vivement attaquée et défendue, faillit nous échapper.
Rendons grâces à sa sagesse qui nous l'a donnée;
rendons grâces à son éloquence qui nous l'a
conservée. Ah! c'est aujourd'hui surtout que

nous en avons partout recueilli le fruit, qu'il nous doit être permis de porter notre reconnaissance aux pieds du roi, de tous les rois le plus généreux envers son peuple! Où sont-ils donc ces malheurs qui nous étaient prédits? Dans quels lieux ont-ils donc éclaté ces troubles dont nous étions menacés? Partout le calme, partout la confiance et l'union. Et cependant, à les entendre, ces aveugles adversaires de la loi, déjà l'hydre de la révolution relevait ses têtes hideuses, prêtes à nous dévorer! Déjà, *fille sanglante de la Convention*, cette assemblée qui nous était promise, en renouvelait tous les crimes!

Amis de l'ordre et de la paix, sujets fidèles du roi qui vous a donné la charte, rassurez-vous. Ouvrez vos cœurs à de plus douces espérances. L'urne nous a livré les noms de ceux sur qui notre bonheur repose, et ils nous sont autant de garans d'une prospérité durable, bienfait du monarque et de son ministère.

Depuis l'ordonnance du 5 septembre, le ministère, fidèle à ses principes, poursuivait la marche qu'il s'était tracée. Mais l'opposition constante du ministre de la guerre y jetait souvent des entraves. La France voyait avec douleur ce loyal et dévoué serviteur des Bourbons s'égarer dans une fausse route, et se tromper sur nos véritables intérêts, tout en désirant vivement les servir. On sentait la nécessité d'un changement; mais lorsqu'on se rappelait son noble dévouement à l'époque désastreuse du 20 mars, la franchise loyale avec laquelle il avait abdiqué toutes considérations particulières pour s'attacher tout entier au malheur d'un roi, alors environné de tant de périls et de trahisons, on regrettait vivement que les circonstances demandassent un sacrifice douloureux. Il s'accomplit enfin, et le nom de son successeur proclamé vint diminuer les regrets qu'emportait le duc de Feltre.

On ne peut douter qu'il ne coûtât beaucoup au cœur du roi d'éloigner du timon des affaires un homme qui, tant de fois, lui avait prouvé sa fidélité et son zèle. Que notre reconnaissance s'augmente donc pour lui de la grandeur des sacrifices que ses affections font à notre bonheur! Et vous, défenseurs de la patrie, un moment égarés, mais toujours prêts à rentrer dans le chemin de l'honneur, guerriers victorieux pendant vingt-cinq ans, accourez une seconde fois sous les drapeaux que vous avez si souvent conduits à la gloire. Que cette injuste défiance qui vous éloigna un moment des rangs dont vous ferez bientôt la force, ne décourage pas dans vos cœurs ce sentiment d'honneur et d'amour de la patrie qui vous a soutenus dans vos nobles, travaux. Celui qui fut votre père et votre guide dans les combats, a repris dans la paix ces titres qui lui sont chers. Le ministre que le roi vous donne, vous l'avez tous connu ; au milieu des périls son sang a coulé confondu avec le vôtre ; vous l'avez tous vu s'élever progressivement par sa valeur et son génie à ce degré de grandeur et de renommée auquel il se montre encore supérieur. Son nom est écrit sur tous les trophées de gloire parmi ceux de vos généraux les plus illustres et les plus chéris, des Macdonald, des Soult, des Ney, des Masséna, des Suchet, des Oudinot, des Marmont, et de tant d'autres qui vivront à jamais dans la postérité ! Approchez donc avec confiance ; il reconnaîtra dans vous ses frères d'armes. Faites valoir sans crainte des services dont on ne vous fera plus rougir. Qu'attendez-vous ? Quel chef plus digne de commander à des braves, vous seriez-vous choisi à vous-mêmes ? Le maréchal Gouvion Saint-Cyr est environné de tout ce prestige de gloire militaire qui vous éblouit ; il est uni à vos plus brillans souvenirs, il a partagé tous vos triomphes, il a pleuré sur vos désastres qu'il eût rachetés du prix de son sang :

> ..... *Si Pergama dextrâ*
> *Defendi possent, etiam hâc defensa fuissent.*

Ralliez-vous donc près de lui autour du trône des lis, et, si ce mot de *patrie* est encore sacré pour vous, reprenez vos rangs dans cette armée fidèle, qui aura bientôt peut-être à veiller au salut de la nation.

Tels doivent être les résultats de la nomination de M. le comte Gouvion Saint-Cyr au ministère de la guerre; tel est le but que le monarque s'est proposé. Il ne pouvait donner à l'armée une preuve plus convaincante de ses intentions libérales et paternelles. Ainsi donc, tous les partis, s'il peut en exister encore, toutes les classes de citoyens trouvent dans les trois ministres, dont nous venons, avec une douce satisfaction, de signaler les principes à la reconnaissance des Français, des garanties qui doivent les rassurer sur l'avenir. La noblesse sait qu'avec un Richelieu, un grand nom n'est jamais sans pouvoir et sans prestige ; les amis de la charte ont dans M. Lainé leur *palladium*; et l'armée retrouve un protecteur, puisque le maréchal Gouvion Saint-Cyr lui est rendu.

Mais il serait injuste de borner là nos éloges, et de taire le nom de M. de Corvetto qui compte pour peu les soins d'une santé défaillante, quand la patrie réclame ses veilles et ses services. Tous les partis qui divisaient l'assemblée se sont unis pour rendre hommage à ses efforts courageux et à l'administration intègre de nos finances; tous n'ont eu qu'une voix pour louer dans lui cette sagesse et cette mesure, cet esprit de conciliation et d'union qui respirent dans son discours sur le budget.

Un ministre jeune, mais éloquent et habile, placé dans la plus délicate position, mais trouvant en lui-même ses ressources et ses moyens de défense, s'est également acquis à notre reconnaissance des droits non moins incontestables. Si la tranquillité, dont nous avons joui dans la capitale, n'a pas été un seul instant menacée; si elle a été aussitôt rétablie sur quelques points de la France où elle a été troublée, c'est à la promptitude de ses mesures, c'est à sa vigilante sollicitude que nous en sommes redevables. Nous l'avons entendu à la tribune nous peindre nos dangers qu'on voulait en vain nous dissimuler : ses discours pleins d'une chaleur entraînante, brillans de mouvemens oratoires et ornés de tous les dons d'une imagination vive et riche, qu'il embellissait encore des grâces du geste et de la diction, ont souvent électrisé l'assemblée et décidé la victoire. Mais lors même qu'il propose les mesures les plus contraires à l'esprit de la charte, son attachement pour elle perce encore, et il nous laisse assez entrevoir qu'il la sacrifie à regret aux circonstances. Appuyé sur des faits et des argumens victorieux, il force ses adversaires jusque dans leurs derniers retranchemens, les convainc sans désarmer leur opiniâtreté, et ne leur laisse pour réponse que les injures.

Dans plus d'une occasion, quand le ministère de la guerre, leur asile naturel, leur est fermé, nos soldats trouvent dans lui un protecteur et un panégyriste. Il est le seul qui élève la voix en leur faveur à la tribune, et, dès cet instant, ils purent espérer que M. de Cazes contribuerait bientôt à les venger des mépris dont ils étaient tous les jours abreuvés. En un mot, également en butte à la haine des deux partis extrêmes, il nous prouve assez, en la méritant, qu'il ne connaît que son devoir et l'intérêt de la patrie et du roi.

*De quelques actes du ministère. — M. de
Châteaubriand. — M. Étienne.*

Je ne puis, en reprenant la plume, me défendre d'une réflexion pénible, c'est qu'une sorte
de défaveur s'attache presque toujours à l'écrivain qui entreprend de louer le pouvoir. Lors
même que ses motifs sont purs et désintéressés,
on lui en suppose qui ne le sont point, et l'on
ne parcourt qu'avec défiance et inattention les
pages de son livre, qui seraient lues avec avidité
si l'envie et la calomnie les eussent infectées de
leur fiel. On convient souvent que les éloges
qu'il donne sont justes et mérités ; mais on ne
lui pardonne jamais de s'être chargé du soin de
les dispenser. Il y a quelque courage à braver
cette défaveur publique, et ce n'est qu'avec
répugnance que nous nous sommes exposés à
l'encourir ; cependant, si les gens impartiaux et
modérés veulent se dépouiller de toute prévention et nous rendre justice, qu'ils nous disent si
nous ne leur avons pas montré les ministres tels
qu'ils sont, et tels que la France les a vus.
Quant aux actes de leur gouvernement, nous

ferons abstraction des personnes, et nous né jugerons que les faits.

On peut se demander, d'abord, si les lois acceptées par la chambre des députés, sur l'initiative des ministres, doivent être considérées comme actes de la chambre ou du ministère : si elles sont actes de la chambre, il est inutile, puisqu'il s'agit uniquement ici du ministère, de traiter ces sujets éternellement rebattus, de la liberté individuelle, de la liberté de la presse, des élections et du budget; dans tous les cas, nous les abandonnons, et nous regardons, comme suffisamment justifiées par l'événement, les diverses lois auxquelles ils ont donné lieu.

Il est une question d'une haute importance politique, celle de l'indépendance des colonies espagnoles, sur laquelle le ministère a gardé un silence presqu'absolu; si ce n'est point là un acte de fait, c'est du moins un acte, je ne dirai pas d'indifférence, mais de neutralité qui peut étonner. Le ministère anglais dissimule beaucoup moins ses opinions à cet égard, et chaque jour la feuille ministérielle voit remplir ses longues colonnes de discussions et de manifestes qui ne nous permettent plus de douter de ses intentions et de ses désirs. Comment interpréter ce contraste dans la conduite des ministres des deux puissances; et pourquoi la France ne s'expliquerait-elle pas aussi franchement que l'Angleterre? N'a-t-elle pas, dans cette querelle, un intérêt aussi immédiat, quoiqu'il ne se lie pas peut-être au succès de la même cause? Et, si les progrès des insurgés ne peuvent être indifférens à la prospérité du commerce d'Angleterre, la France, de son côté, verra-t-elle, sans inquiétude et sans regret, cet immense héritage échapper à la maison de Bourbon? Que notre position ne nous permette pas d'offrir à l'Espagne les secours qu'elle aurait droit d'attendre de nous, dans toute autre circonstance, c'est ce que personne ne cherche à mettre en doute; mais il ne faut pas conclure, de ce que nous ne nous trouvons point engagés dans sa querelle d'une manière efficace et agissante, que les intérêts politiques qui nous lient à sa cause, soient affaiblis ou renversés. Le succès de ses armes est pour nous d'une importance plus grande qu'on ne le pense peut-être. De toutes les puissances voisines de la France, l'Espagne est la seule dont elle n'ait rien à redouter. On pourra s'étonner d'abord de cette assertion, si l'on se rappelle que ce royaume fut, pendant près de deux siècles, son ennemi le plus redoutable; mais cet étonnement se dissipera quand on se sera convaincu que les causes qui ont

nourri cette longue rivalité ont cessé d'exister.
Tant que les descendans de Charles-Quint
furent assis sur le trône d'Espagne, ses possessions dans les Pays-Bas et l'Italie la mettaient en
contact immédiat avec la France, et devenaient
pour elles une source de divisions et de guerres.
Mais depuis le traité d'Utrecht, par lequel l'Espagne, cédée à la maison de Bourbon, n'a re-
noncé à rien moins qu'à ses droits sur les Pays-
Bas, la Sicile, la Sardaigne et l'Italie, elle n'a
plus eu rien à démêler avec la France. Les Py-
rénées, frontières naturelles et insurmontables,
ne seront jamais franchies, et il n'est pas même
permis de supposer, telles qu'elles sont aujour-
d'hui, que l'une des deux nations puisse un jour
espérer de s'agrandir aux dépens de l'autre.
Quant au projet d'une conquête entière, l'ambition gigantesque de Buonaparte pouvait seule
l'enfanter.

Mais qu'on ne se trompe point sur les causes
de cette union nécessaire des deux royaumes.
Mille exemples prouvent qu'on n'est point ami
pour être du même sang. Ce ne sont donc point
les intérêts de famille, toujours impuissans
quand ils entrent en concurrence avec ceux des
peuples, qui ont cimenté entre ces deux royaumes
une paix qu'on peut appeler éternelle; c'est
l'espèce de séparation du continent, que l'Espa-

gne éprouve depuis qu'elle est confinée dans ses seules limites, séparation qui rend impossible toute rivalité territoriale entre elle et nous. Or, du moment où toute rivalité cesse d'exister, les liens qui l'unissent à la maison régnante de France se resserrent nécessairement, et nous donnent dans elle une alliée naturelle. Nous ne pouvons donc, dans notre intérêt même, attendre avec indifférence l'issue de la guerre allumée entre la métropole et ses colonies. Cette effrayante réduction dans les possessions d'un roi, notre ami, nous deviendrait préjudiciable et nous ôterait un appui dans un temps où il nous est si nécessaire, et où il pourrait nous être si utile.

Mais examinons la question sous un tout autre point de vue, et portons dans l'avenir les réflexions que ces événemens font naître.

Qu'on étudie l'histoire d'Espagne depuis le règne de Charles II, c'est-à-dire depuis l'époque où elle s'est ressentie des nombreuses émigrations aux colonies, dont les trésors avaient fait d'abord sa puissance. On la verra s'effacer des royaumes de l'Europe, n'occuper sur l'échelle politique qu'un rang sans couleur et sans importance, et l'on se serait à peine douté de son existence si, dans ces derniers temps, ses guerriers armés pour une noble cause, ne nous

eussent fait ressouvenir des vainqueurs de Pavie.
Il serait donc possible de démontrer que ses colonies sont plus funestes qu'utiles à l'Espagne,
en la considérant comme puissance européenne.
L'or ne fait pas la force d'une nation, et la stag-
nation de l'agriculture, la rapide diminution
de la population lui portent plus de préjudices
que tous les trésors d'un nouvel hémisphère ne
lui offrent de secours et de ressources. « Les
» anciens politiques nous parlaient sans cesse de
» mœurs et de vertus ; les nôtres ne nous par-
» lent que de commerce et d'argent (1). »

Sous ce point de vue, ce ne serait donc plus
par intérêt de nous conserver un puissant auxi-
liaire, que nous pourrions désirer le triomphe
des armes espagnoles, mais par crainte de trouver dans l'avenir un ennemi de plus. Car l'Espagne, riche d'ailleurs des productions de son
sol, et forte de sa situation géographique, concen-
trant en elle-même toute la force de population
qu'elle répand et prodigue dans le Nouveau-
Monde, au bout de quelques années ne pourrait
plus la contenir, et bientôt peut-être nous ferait craindre que quelque nouveau Charles-
Quint, réveillant d'antiques droits, au mépris

---

(1) Rousseau, *Discours à l'académie de Dijon.*

des traités , ne vînt nous imposer les conditions d'un nouveau traité de Madrid (1). « Croira-t-on
» toujours que la puissance d'un état dépend
» d'une province de plus ou de moins ? Quand
» une fois il possède une certaine étendue de
» territoire, à quoi servent ces provinces épar-
» pillées de côté et d'autre, qui ne peuvent se
» secourir mutuellement? A multiplier les fron-
» tières, les ennemis, les affaires, et les em-
» barras. »

Quant aux droits plus ou moins réels que la découverte et la conquête donnent à l'Espagne sur le nouvel hémisphère, il est facile de faire à ce sujet des exclamations pathétiques, de longues périodes et de beaux raisonnemens que depuis un demi-siècle on ne se lasse pas de nous répéter; mais on devrait, avant de se laisser emporter à cet élan d'humanité et de générosité, peser mûrement les conséquences d'une telle révolution pour l'Amérique et pour nous-mêmes. Cependant la fureur des innovations l'emporte, et, quoiqu'on nous ait prouvé que notre monde a été jusqu'aujourd'hui *le meilleur des mondes possibles*, on ne doute pas de sa perfectibilité, et l'on veut la mettre en œuvre. L'expérience

______

(1) *Droit public de l'Europe.* Tom. II. p. 85.

du passé sera-t-elle donc toujours perdue pour nous ?

Quoique la France n'ait exprimé par aucun acte manifeste, l'intérêt plus ou moins vif qu'elle peut prendre aux succès des Espagnols dans le Nouveau-Monde, il n'est personne qui ne soit convaincu que ses vœux ne leur soient tous favorables. Trois grandes puissances se sont plus clairement expliquées, la Russie, l'Angleterre et les États-Unis.

La Russie prend, en toute occasion, envers et contre tous, le parti de l'Espagne. Elle paraît même disposée à la servir plus efficacement qu'en paroles et en négociations; et, quoiqu'il soit assez difficile d'assigner à sa conduite, en cette circonstance, d'autres causes qu'un intérêt d'indemnités en argent ou en cession de territoire colonial, il serait cependant possible de supposer qu'elle cherche à se soulager du fardeau de sa force armée que, sans un égal danger, elle ne peut ni garder sur pied, ni licencier.

L'Angleterre nous fait connaître elle-même avec franchise dans un long article, publié par le *Courrier* du 1er octobre, qu'on peut regarder comme une sorte de manifeste, la marche qu'elle se propose de suivre dans une occasion où il dépend d'elle de jouer le premier rôle.

« Dans de pareilles circonstances, y est-il

» dit, que doit faire le gouvernement anglais ?
» Protéger son commerce, et rien de plus. Son
» intérêt du moment veut que les colonies
» soient indépendantes, mais cet événement
» pourrait avoir des conséquences funestes....

» L'Angleterre ne peut intervenir pour aider
» les insurgés. Elle ne peut point non plus dé-
» truire l'insurrection. Une pareille démarche
» serait contraire à ses intérêts les plus chers,
» et déplairait à nos commerçans, classe im-
» portante et puissante. Elle donnerait, il est
» vrai, de la popularité à notre gouvernement à
» Cadix, mais non à la bourse de Londres.

» En outre, l'Angleterre a aidé, a encouragé
» les insurgés, il y a sept ans, dans leur dessein
» de se soustraire au joug de Buonaparte, et il
» serait perfide, il serait au moins bien peu
» généreux, sinon honteux, d'aider aujourd'hui
» à les écraser, quoiqu'ils aient refusé de recon-
» naître Ferdinand, et changé leurs motifs
» d'insurrection. L'Angleterre ne peut donc
» prendre aucune part à la querelle! »

Une puissance commerçante est égoïste par
nature. Cette impassibilité du cabinet de Saint-
James ne doit causer aucun étonnement; fidèle
à ses principes, il attendra l'événement *sans
prendre part à la querelle*, comme il le dit lui-
même, à moins que l'avenir n'amène d'autres

intérêts et d'autres desseins ; mais, quoiqu'il arrive, il aura si bien pris ses mesures, qu'il lui reviendra toujours quelque part dans les dépouilles du vaincu et dans les succès du vainqueur. L'Angleterre, depuis quatre ans, est bien puissante, ou plutôt est trop puissante ; l'Europe commence à se fatiguer de son joug commercial et tyrannique. L'équilibre politique a cessé d'exister. A-t-elle donc oublié qu'il n'y a point de puissance dominante sans qu'il ne se forme tôt ou tard une puissance rivale ?

Comme l'Angleterre, les États-Unis peuvent jouer un grand rôle dans la querelle de l'Espagne et de ses colonies : le feront-ils ? resteront-ils paisibles spectateurs ? Voilà ce qu'on se demande ; mais que signifie cette invitation que les journaux américains adressaient dernièrement aux grandes puissances d'Europe, d'envoyer à l'Espagne des secours de troupes, autant pour se montrer fidèles aux principes qui les ont armées contre Buonaparte, que pour se débarrasser de ce superflu de forces militaires que la paix durable qui nous semble promise rend inutile et même dangereux ? Si cette invitation n'était en opposition trop évidente avec les doctrines du gouvernement des États-Unis, elle nous ferait croire qu'il redoute les progrès des insurgés. Cet étrange langage dans les journaux américains cache quelque perfidie ; il voile des intentions secrètes qu'il nous fait néanmoins soupçonner. Que veulent donc les États-Unis ? Veulent-ils faire cause commune avec les insurgés, et reprendre, pour la défense des mêmes droits, les armes qu'ils n'ont posées qu'après la victoire ? Il n'est plus guère permis d'en douter ; mais il ne l'est pas davantage de croire que l'amour de la liberté, qu'un noble désintéressement seront leurs seuls mobiles : ils mettront un prix à leurs services, et ce prix s'augmentera proportionnellement aux périls des insurgés. Or, tant que l'insurrection, assez forte par elle-même pour lutter contre la métropole, pourra se soutenir sans les secours des États-Unis, ces secours utiles, mais non indispensables dans un pareil état de choses, ne seront achetés que par de faibles sacrifices. On conçoit combien l'intervention active des puissances de l'Europe en augmenterait la valeur. Les insurgés, réduits à eux-mêmes, pourraient-ils raisonnablement se flatter d'opposer une résistance heureuse à l'Europe entière armée contre leur cause ? Ils ne l'espéreraient pas même. Il faudrait donc céder, et céder à la force, c'est-à-dire, renoncer à l'indulgence qu'une soumission volontaire, quoique tardive, leur donnerait le droit d'attendre, se livrer pieds et poings liés aux vengeances discrétionnaires de leurs plus cruels ennemis, et perdre, en un seul jour, le fruit de sept longues années de souffrances et de désastres. Entre une telle résolution et une mort honorable, quel homme de cœur pourrait hésiter ? Mais si, au milieu de cette position terrible et désespérée, un refuge, un soutien, un sauveur lui était promis! si une voie de salut lui était ouverte tout à coup! si la liberté au lieu de l'esclavage, une vie indépendante et glorieuse au lieu de supplices et de la mort, lui étaient rendues ! dans les premiers transports d'une juste reconnaissance, que ne fera-t-il point pour son libérateur? Or, cette situation terrible et désespérée serait celle des insurgés, si les puissances de l'Europe prenaient en main les intérêts de l'Espagne; ce refuge, ce soutien, ce sauveur, ils le trouveraient dans le gouvernement des États-Unis. Ces sacrifices, qu'une nécessité puissante ne leur commande pas encore aujourd'hui, ne seraient plus que d'un faible prix à leurs yeux quand il s'agirait de leur liberté et de leur vie; rien ne leur coûterait pour acheter des secours qu'on leur ferait payer cher, il est vrai, mais qui seraient pour eux si décisifs.

Cessons donc de nous étonner de cette singulière invitation des États-Unis ; ils veulent réduire les insurgés à se remettre tout entiers à leur discrétion.

J'avoue que leur intérêt du moment semble leur commander cette insidieuse politique. Mais n'ont-ils donc jamais porté leurs calculs dans l'avenir, et pensent-ils que cette Floride, objet constant de leur convoitise, après leur avoir été cédée, ne leur sera pas disputée? Cette gloire d'avoir conquis l'indépendance au Nouveau-Monde peut bien les éblouir, mais n'est-il donc point pour eux d'intérêt plus solide que la gloire? Or, je le leur demande, qu'avaient-ils à craindre de l'Amérique-Méridionale soumise à l'Espagne, et que n'auront-ils pas à craindre de l'Amérique-Méridionale indépendante? Un gouvernement par vice-rois et subdélégués est toujours faible; un gouvernement libre et sur les lieux est toujours fort. L'Espagne qui gouvernait de loin et avec mollesse ses colonies, ne pouvait inspirer aux États-Unis aucune inquiétude raisonnable; mais ces colonies, une fois indépendantes, deviennent les rivales naturelles des États-Unis, leurs voisins. Pour éviter des guerres ruineuses et lointaines, l'Espagne peut-être eût souffert, sans se plaindre, quelques envahissemens de territoire; avec les insurgés, toute contestation à cet égard, deviendra une guerre. Le passage du despotisme à la liberté, qui change les mœurs d'un peuple, lui donne une activité souvent funeste à ses voisins. Voyez l'Angleterre sous Cromwell; voyez la France en 92 : le même cas aura lieu pour les insurgés. Leur reconnaissance sera d'abord sans bornes ; mais bientôt ils sentiront leur force et leurs droits ; il faudra fixer les frontières, supputer les intérêts , faire des sacrifices d'argent et de territoire. De là, les discussions et les guerres. Cette union de l'Amérique, météore brillant que poursuit l'illusion des États-Unis, leur aura bientôt échappé; et, plus tôt peut-être qu'ils ne le pensent, ils regretteront ce gouvernement faible et pacifique de l'Espagne, qu'ils auront aidé à détruire.

— De ces considérations importantes, descendons à des intérêts moins grands et moins généraux , et revenons au ministère que nous avons un moment perdu de vue.

Une ordonnance du roi a ôté à M. de Châteaubriand le titre de ministre d'état. Si cet acte, émané de l'autorité royale, ne nous semblait n'être point étranger au ministère, nous ne nous permettrions pas d'élever jusque-là nos réclamations.

L'ouvrage sur la *Monarchie avec la Charte*, ou pour mieux dire le *Post-scriptum* qu'il y avait imprudemment ajouté, a été le premier et le seul motif de la disgrâce de M. de Châteaubriand. Si cet illustre écrivain avait donné à la cause royale moins de preuves de dévouement et de zèle, je me trouverais presque forcé de convenir que cette disgrâce est méritée. Mais lorsque je me rappelle tout ce que M. de Châteaubriand a fait et écrit pour la maison de Bourbon, dans quelles circonstances il s'est montré, et avec quel inébranlable désintéressement il a résisté à toutes les séductions des grandeurs et du pouvoir sous le gouvernement d'un homme qu'il était si facile et si dangereux d'offenser et d'irriter, je ne puis ne pas m'étonner qu'un moment d'effervescence et d'erreur ait fait oublier tout à coup tant d'attachement et de services. Est-ce aux vœux d'un parti qu'on a voulu le sacrifier? On s'est trompé, et, sans complaire à ce parti qui a toujours reconnu dans M. de Châteaubriand un ami du roi et de la liberté, on en a irrité un autre qui le regarde à tort comme son chef. Je dis à tort, parce que M. de Châteaubriand a trop d'honneur et de mesure pour se faire chef d'un parti quelconque, et surtout trop de lumières et de sagesse pour servir celui où on le range. Il sait que, dans un état régulièrement organisé, un tel rôle est indigne d'un ami de la patrie, et que son devoir, si le gouvernement s'égare,

n'est point de s'armer contre lui, mais de l'é-
clairer et de le servir, tout prêt encore, si ses
conseils sont rejetés, à lui offrir de nouveau ses
secours et ses talens, quand le danger est venu.
M. de Châteaubriand a pu se tromper ; il s'est
trompé sans doute ; l'événement nous l'a prouvé ;
mais un attachement aussi noble, un aussi beau
génie est respectable même dans ses écarts. Cependant, qu'est-il résulté de cette rigueur dont
on a usé envers lui? On l'a jeté malgré lui dans
une route qu'il ne voulait point suivre ; on lui
a ôté tout espoir de revenir sur ses pas, et de
reconnaître, avec la franchise qui le caractérise,
que son zèle l'avait emporté trop loin. On a
souffert que quelques petits écrivains de ga-
zettes souillassent nos feuilles quotidiennes de
clabauderies et de sarcasmes contre un homme
que son caractère et son génie devaient mettre
à couvert d'attaques aussi méprisables ; en un
mot on a découragé ses talens et son zèle. Mais
il est de ceux pour qui l'amour de la patrie est le
premier sentiment et le premier besoin. Il ne
dit point comme Camille : *Cité ingrate, fassent
les dieux que je te devienne bientôt nécessaire!*
Il s'écrie avec Aristide : *Plaise au ciel que tu
n'aies jamais besoin de mes secours, mais tu me
retrouveras toujours au moment du péril!*

Le repentir est plus beau que l'innocence, a

dit l'orateur français. Ce principe est vrai en politique comme en morale. C'est donc aujourd'hui, que les haines de parti doivent s'éteindre, qu'il est urgent de rendre à M. de Châteaubriand la justice qu'il mérite. Une telle réparation appartient, à plus d'un titre, au ministère qui nous gouverne. Elle serait conforme à son esprit de tolérance et de conciliation, sans être incompatible avec sa dignité. Il est généreux à chacun de reconnaître un tort; mais plus on est élevé, plus il est grand de le réparer.

Étrangers à tout esprit de parti, nous réclamerons également justice pour un écrivain non moins illustre, que l'opinion publique classe dans un parti entièrement opposé à celui où elle range M. de Châteaubriand. M. Étienne a dû la disgrâce et l'espèce de persécution à laquelle il a été en butte, moins aux principes politiques qu'il a manifestés, qu'à la jalousie et au ressentiment des ennemis que son franc parler, son esprit et son talent lui ont faits. Ils ne lui ont jamais pardonné le beau triomphe que, jeune encore, il a remporté. Vils envieux, toujours prêts à répandre les venins de leur plume sur les œuvres du génie, ils n'ont pas rougi d'abord de lui disputer le mérite et l'invention d'un chef-d'œuvre qui honorait leur patrie. Les applaudissemens des gens de bien couvrirent alors leurs clameurs jalouses ; mais il leur fallait une plus éclatante vengeance.

> C'est le sort *du talent* d'être persécuté.
>
> VOLTAIRE.

Le célèbre auteur des *Deux Gendres* n'est plus à l'Académie. Depuis deux ans ce corps illustre réclame en vain celui qui fit long-temps son plus bel ornement. On ne s'est point contenté de ravir à M. Étienne toutes ses fonctions publiques ; par un acte d'arbitraire qui se conçoit à peine, on l'a dépouillé de ses honneurs littéraires et de la récompense de ses veilles glorieuses. Si cette vengeance était digne de ceux qui l'ont alors exercée, il est digne aussi du ministère actuel d'en arrêter les effets. Et, de quel droit a-t-on arraché de son front cette couronne académique que l'admiration de la France y avait placée ? De quel droit lui a-t-on fermé l'entrée du sanctuaire des lettres que son génie lui avait ouvert ? On lui ôte la récompense de ses chefs-d'œuvre ; qu'on lui en ôte donc aussi le mérite et la gloire ! Jusque-là, nous ne pourrons nous défendre, lorsque nous entrerons dans le palais des quarante immortels, de nous écrier avec celui dont on a dit que *les tyrans étaient punis, quand il les avait peints : Præfulgebant Cassius et Brutus eo ipso quòd eorum imagines non visebantur.*

Quelle que soit donc l'opinion politique de M. Étienne, que j'ignore, mais qui, si on la juge sur ses écrits et ses articles de journaux, me paraît être sage et mesurée, ses dignités littéraires en sont tout-à-fait indépendantes. Les réactions de ceux qui ont voulu le punir de ses succès, pouvaient s'exercer sur ses emplois et ses pensions, mais elles ne devaient point aller au-delà ; et c'est prouver au ministère quelle haute idée nous nous sommes faite de sa tolérance et de sa libéralité, que de lui demander la réparation d'une injustice qui n'est point la sienne.

De la France en 1817. — Des Chambres.

Au premier aspect, les regards que nous portons sur notre patrie sont frappés d'un affligeant tableau. Nos cœurs sont émus de son épuisement et de sa langueur, et nos regrets s'augmentent encore des souvenirs de sa grandeur passée. Ils ne sont pas si loin de nous, ces jours d'une splendeur et d'une gloire si brillantes et si rapidement éclipsées, qu'ils se soient déjà effacés de notre mémoire. Notre illusion patriotique nous entretient dans une douce erreur; nous vivons dans le passé et dans l'avenir, et nous oublions nos revers présens pour ne songer qu'à nos anciens triomphes. Trop vaine illusion! Que nous reste-t-il aujourd'hui de cet empire qui embrassait l'Europe? Où est le fruit de nos victoires et le prix de notre sang? Qu'étions-nous il y a cinq ans, et que sommes-nous aujourd'hui? Un si court espace de temps a donc suffi pour détruire jusqu'en ses fondemens l'ouvrage de tant d'années d'efforts et de sacrifices! N'est-il donc échappé aucun débris au naufrage? Notre gloire, notre liberté ont-elles du moins été respectées? Quel est cet étendard ennemi qui flotte sur les remparts de nos villes? Quels sont ces soldats étrangers dont l'aspect insulte à l'indépendance nationale? Il faut donc nous désabuser de ces rêves de gloire et de puissance qui nous ont si long-temps séduits! Celui qui les nourrit un moment d'illusions brillantes, un homme dont le nom odieux est encore invoqué par des voix coupables, a seul causé notre abaissement et nos malheurs. Qu'a-t-il fait de cette France qu'il avait reçue si puissante et si belle? Qu'a-t-il fait du sang de nos frères? Qu'il vienne en rendre compte aujourd'hui à tous ceux qui lui redemandent un père, un fils, un parent, un ami! Source de tous nos désastres, son ambition funeste nous a perdus avec lui : l'abîme qu'il a ouvert sous ses pas s'est creusé sous les nôtres; et, tandis que, chargé des malédictions d'un peuple entier, il traîne sur le rocher de son exil une existence inutile et douloureuse, nous expions avec lui des crimes qui ne sont que les siens.

Mais, si nos maux sont grands, quelle source inépuisable de consolations nous est ouverte dans l'amour et les bienfaits d'un roi dont le cœur paternel les partage! Quel juste sujet d'espérances dans la sagesse d'un ministre qui nous a déjà sauvés! Nos charges sont accablantes, il est vrai; mais le roi lui-même ne les supporte-t-il pas avec nous? Ne les allége-t-il pas de ses sacrifices, et ne voyons-nous point un de ses ministres garder à peine de son traitement ce qui suffit à ses besoins? Quelles plaintes seraient donc justes de notre part? N'a-t-il pas fait pour nous plus que nous n'avions le droit d'espérer? Ne lui devons-nous pas, et cette paix dont nous jouissons, et cette liberté politique qui nous est rendue? Chassons donc un moment de notre esprit ces idées de grandeur qui ne nous sont plus permises, et cherchons nos dédommage-mens, moins dans les souvenirs du passé que dans les espérances d'un avenir qui s'annonce sous de si heureux auspices.

Les élections, cette épreuve tant redoutée pour la nation, se sont achevées dans le calme et l'union. Les Français se sont montrés dignes de la confiance et des généreuses concessions de leur roi, et c'est avec un sentiment d'orgueil national que nous les avons vus user sagement d'une sage liberté, et en faire le premier essai avec un succès qu'une longue expérience aurait seule donné le droit d'attendre. Tous ils ont su apprécier, et la nature de leurs droits politiques, et les vrais besoins de leur patrie; ils ont connu quels hommes il fallait lui donner pour représentans et pour appuis, et ils ont compris de quels importans devoirs , de quelle immense responsabilité ces hommes allaient être chargés. Notre ruine et notre salut sont dans leurs mains. Ils peuvent nous perdre, mais ils peuvent nous sauver. Session de 1817, à jamais mémorable, tu vas décider du sort d'un grand peuple ! Représentans , quelles obligations de si hauts intérêts vous imposent ! Indépendans , royalistes purs, comprenez enfin que votre salut, que celui de la France, est dans ce gouvernement contre lequel vous vous êtes si imprudemment ligués , et ne vous unissez plus que pour le servir ! Voyez où nous en sommes, et dites-nous vous-mêmes si la patrie n'a pas assez d'ennemis au dehors sans lui en conserver encore parmi nous !

Plusieurs lois seront remises à votre discussion ; vous aurez à fixer le mode de recrutement de l'armée, les limites de la liberté de la presse, les droits de l'église gallicane, et les dépenses de l'année. Mais un objet digne surtout de vos délibérations doit, dit-on, leur être soumis ; la France, accablée sous le poids d'impositions et de dettes dont ses vainqueurs pressent le paiement, recourt à vous pour s'en libérer. Représentans, aucuns sacrifices raisonnables ne coûteront aux cœurs français ; mais, s'ils étaient au-dessus de nos moyens et de nos forces, nous

avons des bras et du courage ; les héros de Ma-
rengo, d'Austerlitz, de Wagram, de Moskwa,
de Toulouse, vivent encore ; leurs revers ne les
ont point abattus ; ils n'ont point désappris le
chemin de la victoire, et le repos n'a point
énervé leur courage. Ne désespérez point de
la nation, si vous voulez qu'elle ne désespère
point de vous. Voyez quelle elle est, et ce
qu'on peut en attendre. N'écoutez point ces
gens qui vous la peignent avilie ; ils ont usé
sous le despotisme les sentimens patrioti-
ques que tout Français porte dans son cœur,
et ils vous disent qu'il *n'y a plus de réputa-
tions* (1), parce qu'ils ne voudraient point avoir
celle qu'ils se sont faite. Jetez les yeux autour
de vous, vous trouverez partout des Français,
et partout, s'il le faut, des soldats. Nous ne
sommes plus, ni les frivoles sujets d'une cour
légère et galante, ni les esclaves d'un tyran ;
nous sommes citoyens libres d'une monarchie
constitutionnelle, dévoués au roi notre bienfaiteur et notre sauvegarde. Que ne feront-ils pas
pour conquérir l'indépendance, ceux qui ont
tant fait pour conquérir la gloire ? Ce sang qu'ils

---

(1) *Voyez le* Journal des Débats, *à l'occasion de* l'ami
Suzannet.

ont déjà versé au service de leur pays, ne leur coûtera rien à répandre de nouveau , s'ils peuvent se dire en mourant : *C'est encore pour la patrie; c'est encore pour son salut et pour sa liberté.* Ce ne sont point de tels hommes que les obstacles et le nombre effrayent , et ils nous ont depuis long-temps accoutumés à ne plus rien croire d'impossible à leur valeur.

Mais ces sentimens et ces efforts généreux seront perdus pour la France , s'ils ne sont point unanimes. Que ces haines qui nous ont trop long-temps divisés s'éteignent donc enfin; montrons à nos ennemis une union qui fera notre force; et, s'il le faut, pour arriver à ce grand résultat, que tous les partis ne se refusent à aucune concession , à aucun sacrifice. *Vétérans de l'exil et du malheur* (1), illustres victimes de la révolution , ne confondez point avec vos horribles persécuteurs les amis d'une sage liberté ; épargnez-leur des reproches qu'ils n'ont point mérités , et des regrets qu'ils ont autrefois partagés avec vous. Cessez de vous éloigner d'eux avec défiance et avec crainte ; n'accusez plus leurs intentions et leur bonne foi ; et, loin de les

____

(1) Expression sublime échappée à la belle âme du premier écrivain de notre siècle.

aigrir plus long-temps, appelez-les à vous, et vous trouverez parmi eux les vrais amis de la France et du roi. Que ces intérêts d'opinions et d'ambition qui vous séparent, s'abaissent devant ceux plus puissans de la patrie ! Ne vous aveuglez plus sur ses dangers, et ne les augmentez pas de votre opiniâtreté. N'est-ce plus donc cette même France que vous avez tant aimée ? Vingt-cinq années d'infortune ont dû vous la rendre plus chère encore ; et il serait digne de vous d'aider à fermer des plaies que vous n'avez point ouvertes, et de lui pardonner des erreurs dont vous avez été les victimes.